Liebesgedichte

Ulla Hahn
Liebesgedichte

Deutsche Verlags-Anstalt

Stuttgart

I

Mein Vater

Wer ist das?
fragen meine Freunde
und deuten auf das Foto
des Mannes über meinem Schreibtisch
zwischen Salvador Allende
und Angela Davis.
Ich sage:
Mein Vater. Tot.
Dann fragt niemand weiter.

Wer ist das?
frage ich den Mann,
der nicht einmal
für das Paßfoto lächelt,
der an mir vorbeischaut
wie beim Grüßen
an Menschen,
die er nicht mochte.

Bauernkind, eines von Zwölf,
und mit elf von der Schule;
hatte ausgelernt,
mit geducktem Kopf nach
oben zu sehen.
Ist krumm geworden
als Arbeiter an der Maschine
und als Soldat
verführt gegen die Roten.

Nachher noch einmal:
geglaubt, nicht begriffen.
Aber weitergemacht.
Als Arbeiter an der Maschine
als Vater in der Familie
und sonntags in die Kirche
wegen der Frau
und der Leute im Dorf.

Den hab ich gehaßt.

Abends, wenn er aus der Fabrik
nach Hause kam,
schrie ich ihm entgegen
Vokabeln, Latein, Englisch.
Am Tisch bei Professors,
als mir der Tee
aus zitternden Händen
auf die Knie tropfte,
hab ich Witze gestammelt
über Tatzen,
die nach Maschinenöl stinken.

Hab das Glauben verlernt mit Mühe.
Hab begreifen gelernt und begriffen:

Den will ich lieben
bis in den Tod
all derer,
die schuld sind
an seinem Leben
und meinem Haß.

Manchmal,
da lag schon die Decke
auf seinen Knien
im Rollstuhl,
nahm er meine Hand,
hat sie abgemessen
mit Fingern und Blicken
und mich gefragt,
wie ich sie damit machen will,
die neue Welt.

Mit Dir,
hab ich gesagt
und meine Faust
geballt in der seinen.

Da machten wir die Zeit
zu der unseren,
als ich ein Sechstel
der Erde ihm
rot auf den Tisch hinzählte
und er es stückweis
und bedächtig
für bare Münze
und für sich nahm.

Wer ist das?
fragen meine Freunde
und ich sag:
Einer von uns.
Nur der Fotograf
hat vergessen,
daß er mich anschaut
und lacht.

II

Der Himmel

Der Himmel liegt seit heute Nacht
in einem Ellenbogen
darein hatt' ich gesmôgen
das kin und ein mîn wange
viel lange Zeit.

Der Himmel ist einsachtzig groß
und hat die blauen Augen
zum Frühstück aufgeschlagen
all so ist auch sein Magen
von dieser Welt.

Er kommt

Einkaufen: Kirschsaft Spinat und
neue Kartoffel Spargel nicht der
ist noch zu teuer oder ach was
zwei Pfund Spargel bitte.

Oh mein Gott: dem Friseur ging
die Farbe aus. Nehm ich statt
Rot Mahagoni nur nicht
vorne so kurz.

Wie angegossen das Kleid: aber
die jeans sitzt straffer blau
liebt er und schwarz schön
also schwarzblau.

Steht die Uhr: nein noch einmal das
Beethoven Trio im zweiten Satz geht
die Klingel ich öffne die Tür
du schon da?

Wirbelsäule

Ich kenne deine
Runzeln rund um die Augen
von meinen Lippen
und deine Lippen haben
meine aufgespannt
und verbogen
zur Lust auf Lust.

Deine Falten
rechts und links
vom Mund
kennt der Zeigefinger
meiner rechten Hand

deine rechte Hand
verbirgt nichts
was deine Linke tut
meinen beiden Händen.

Ein Stückchen Halshaut
haben sich meine
Augen, Hände und Lippen erschlichen
bis zum obersten Knopf
deines Hemdes.

Aber Phantasie und Erkenntnis-
Theorie
knöpfen dich langsam sorgfältig auf
bis auf die Knochen.

So

Auf der rechten Seite
so liegen daß
die Knie das Kinn
fast berühren. Sich den
Rücken freihalten für einen
nicht zu weichen
schmiegsamen Bauch.
Beine auch die mit meinen
scharf in die Kurve gehn
zwanzigfach Zeh'n
ganz unten. Ums Herz
in der linken Brust eine
Hand die den Schlag spürt
und bleibt im Nacken
ein schlafender Mund Speichelfäden.
Morgens aufwachen.
Immer noch da sein.
So.

Gibt es eine weibliche Ästhetik

Ich sehe deine Augen
mit den hängenden
Lidern am Kinn
Fettfalten die Stirn
gefurcht deine
dünnen spitzen
Ohren überm fahlen
Haar die
kahle Stelle
am Hinterkopf ich
denke du bist
von allen Männern
der schönste.

Anständiges Sonett

Schreib doch mal
ein anständiges Sonett
St. H.

Komm beiß dich fest ich halte nichts
vom Nippen. Dreimal am Anfang küß
mich wo's gut tut. Miß
mich von Mund zu Mund. Mal angesichts

der Augen mir Ringe um
und laß mich springen unter
der Hand in deine. Zeig mir wie's drunter
geht und drüber. Ich schreie ich bin stumm.

Bleib bei mir. Warte. Ich komm wieder
zu mir zu dir dann auch
»ganz wie ein Kehrreim schöner alter Lieder«.

Verreib die Sonnenkringel auf dem Bauch
mir ein und allemal. Die Lider
halt mir offen. Die Lippen auch.

Im Märzen

Im Märzen da reiß ich
den Samt vom Himmel der Sonne
mach ich die Laden dicht ich
hack der Krähe ein Auge

aus Amsel Drossel Fink und Star
dreh ich den Hals um dem Krokus
köpf ich die Knospen ich schmeiß
dir mit Veilchen die Fenster

ein jeder sehe wie
ich's treibe wenn
du nicht sofort
die Rößlein einspannst.

An Picasso

Psst in Paris schläft mein Mann. Er liegt
mir im Arm auf neutralem Laken ungeteilt
über zwei Betten gestreckt.

In seiner Hand liegt das Meine ich schmiege
das seine Eine meiner Kniekehle ein.

Wir nehmen es nicht nur symbolisch
mit allen Tauben und Palmwedeln auf.

Winterlied

Als ich heute von dir ging
fiel der erste Schnee
und es machte sich mein Kopf
einen Reim auf Weh.

Denn es war die Kälte nicht
die die Tränen mir
in die Augen trieb es war
vielmehr Ungereimtes.

Ach da warst du schon zu weit
als ich nach dir rief
und dich fragte wer die Nacht
in deinen Reimen schlief.

Bremisches Epigramm

Ach mein Mann ist verreist. Gerade
schlug er die Wagentür zu. Nur ein paar
schräge Küsse hetzt' er mir noch aufn Hals über
Kopf und Kragen und Stock und Stein rauschten
die Räder auf dem Asphalt. Mein Herz
flatterte noch ein Weilchen im Wind hinterher. Dann
knöpft' ich die Brust wieder zu. Doch meine Ruh
ist hin bis er nächstens bei mir wieder vorfährt in
seiner Kalesche aus Sachsen.

Mosaik

An den Füßen die
Ausverkaufsschuh mit
beiden Beinen fest auf
dem Weg nach Brindisi
freihändig der Kopf schwebt
ständig dicht unterm Himmel.
Du trägst »Ganz Rom« Brot
und Wein im Beutel über
der Schulter da und da und
dahin zeigt deine Hand meine
Augen flattern ihr nach
durch diesen Raum
aus Zeit und auferstandnen Zypressen.
Bis uns die Hitze vom Weg
fegt hinter die Tempelruinen hier
unter freiem Himmel üben
wir knieend kauernd Verbotenes
aus stecken es ein drücken der
Sonnen fein gesponnen
ein Auge zu.
Halten paar bunte Steine Staub
bißchen Gott und die Welt in der Hand.

Wenn Dann

Wenn wir uns wieder in den Haaren liegen
und du mich nochmal Sterne sehen läßt
dann geb ich dir von Mal zu Mal den Rest
wenn wir uns wieder in den Haaren liegen.

Wenn du mich nochmal Sterne sehen läßt
bis du wo dir der Kopf steht nicht mehr weißt
bring ich dich wieder in das rechte Gleis
wenn du mich nochmal Sterne sehen läßt.

Wenn du wo dir der Kopf steht nicht mehr weißt
du aus der Haut fährst und hinein in meine
dann halt mich kurz doch lang an deines Leibes Leine
wenn du wo dir der Kopf steht nicht mehr weißt.

Bildlich gesprochen

Wär ich ein Baum ich wüchse
dir in die hohle Hand
und wärst du das Meer ich baute
dir weiße Burgen aus Sand.

Wärst du eine Blume ich grübe
dich mit allen Wurzeln aus
wär ich ein Feuer ich legte
in sanfte Asche dein Haus.

Wär ich eine Nixe ich saugte
dich auf den Grund hinab
und wärst du ein Stern ich knallte
dich vom Himmel ab.

Krankgeschrieben

Spät am Morgen im Park
geh ich spazieren ganz ohne
Kind ohne Mann für einen
Langhaardackel bin ich
noch zu jung. Nach soviel
Regentagen scheint jetzt
wahrhaftig die Sonne. Im
NADELHOLZHAIN fallen
Fichten Lärchen und Kiefern
Düfte übereinander her der
LIEGEWIESE stehen die Gräser
zu Berg. Alle Wege führen
Mütter mit Kindern zu Wagen
zu Fuß in den Bäumen im Bach.
Ein schöner Mann geht
vorbei: ließ ich ein Spitzentuch
fallen er könnte sich
umdrehn mir folgen. Alte
Frauen am Teich füttern die
Enten mit Krumen. Morgen
nehm ich ein Brötchen und
ein Taschentuch mit.

Treue

Von deiner Haut wirst du
meine Spuren nicht mehr
verwischen du schleppst
sie mit dir nach Haus zwischen
Tisch und Bett schlägt mein Schatten zu.

Aus deinem Haar wirst du
meinen Geruch nicht mehr
waschen er beizt
dir die Haut mit Grauen
wendet wer dich neben mir liebt sich ab.

Aus deinem Mund wirst du
meine Zunge nicht mehr
lösen sie fährt
ihr zwischen die Zähne
bei jedem Kuß von dir.

Mit dir allein wirst du
niemals wieder allein sein
gut verheilt hinter deinen Rippen
sitz ich dein Schrittmacher
funktioniert.

Salomes Lied

Schlafe was willst du
mehr zu tun
hast du nicht
nach den Bogensonnenlampen
vergeht nun das Abendlicht.

Bleibe getrost wo
du bist nichts
läßt wie ich dich so los
halt still: ich werfe ihr
deinen Kopf in den Schoß.

Ab Gesang

Ich halt dich nicht mehr
aus hau ab ins Grab
gewiß werd ich dir folgen
nie und nimmermehr
schick ich dem Ach ein
Weh noch hinterher.

Zieh deine Leine Liebster ein verdufte
wie eine Rose müde ist vom
Kosen hast du dich nie müd gemacht.
Ach wie gemalt in deinen Hosen
fiel ich auf dich
herein auf deinen Teppich
aus Worten fein gewirket und
gewoben hast du mir manchen Tag
Traum hast du mir zerstört.

Ich halt dich nicht mehr
aus hau ab im Paradies
gewiß bist du gut aufgehoben.

Und mich

Wenn du willst
nehme ich alles
zurück meine Tränen
fließen mir in die Augen
mein Lachen flieht
hinter meine Lippen
scheuen vor deinen
zurück hast du
alles genommen
was will ich
mehr als alles
zurück.

Alle hastigen Züge zu dir
fahre ich zurück durch
die platten Wiesen kaum
Mai. Jede Ankunft
bei dir ein Abschied mehr.
Jedes Wort schlag ich mir
in die Kehle
zurück
nehm ich alles
was du nicht willst
und mich.

Tote Liebe

Tote Liebe Mauer
blümchen zweigeteilt
niemals vergessen vergessen
die Liebe auf dem Lande
im Lenz sind alle Katzen
grau in der Nacht wenn
die Liebe erwacht unterm
Laken gezogen bis
über die Stirn.

Mit Haut und Haar

Ich zog dich aus der Senke deiner Jahre
und tauchte dich in meinen Sommer ein
ich leckte dir die Hand und Haut und Haare
und schwor dir ewig mein und dein zu sein.

Du wendetest mich um. Du branntest mir dein Zeichen
mit sanftem Feuer in das dünne Fell.
Da ließ ich von mir ab. Und schnell
begann ich vor mir selbst zurückzuweichen

und meinem Schwur. Anfangs blieb noch Erinnern
ein schöner Überrest der nach mir rief.
Da aber war ich schon in deinem Innern
vor mir verborgen. Du verbargst mich tief.

Bis ich ganz in dir aufgegangen war:
da spucktest du mich aus mit Haut und Haar.

Endlich emanzipiert

Als du fortgingst
war ich froh
endlich allein zu sein.

Ich trank mein Bier
nur noch in Kneipen
mit Frauen die
froh waren
endlich allein zu sein.

Manchmal wenn einer wie du sich
zu uns an den Tisch setzt
legt ihm eine von uns
ihr Haar um den Kopf
wirft ihm eine von uns
ihr Herz an die Brust
zieht für ihn sich eine
die Haut vom Leib.

Jedesmal nimmt er lächelnd
alles zahlt jeder ein Bier
und geht fort.

Verbesserte Auflage

Nur noch wenige Schritte dann
wird sie ihm wieder gehören hören
beschwören sein Lied das ohne sie
ihm versiegt. Hals Nase Ohren
die Augen die Haare den Mund
und so weiter wie
will er sie preisen allein
zu ihrem ewigen Ruhm.
Als eine Stimme anhebt.
Orpheus hört:
die zum Lauschen Bestellte fällt
singend ihm in den Rücken.
Da
dreht er sich um und
da
gleitet aus seinen verwirrten Händen
die Leier. Die Euridike aufhebt
und im Hinausgehn schlägt in noch
leise verhaltenen Tönen. Hals Nase Ohren
die Augen die Haare den Mund
und so weiter wie
will sie ihn preisen allein
zu seinem ewigen Ruhm.
Ob Orpheus ihr folgte
lassen die Quellen
im Trüben.

III

Meine Phantasie mein Herr

I
Mein Herr ich bemerke
daß ich Ihren Anruf erwarte
Was soll das? Sie kriegen nichts
zu hören zu fassen. Vernarrte

ich mich am Ende
in Ihre Photographie?
An Ihnen fasziniert mich nichts
als meine Phantasie.

II
Mein Herr ich beginne
Ihre Telefonnummer zu
singen. Leise bitte
lassen Sie mich in Ruh

Wozu rufen Sie mich
nicht an? Hören Sie
schlecht von mir
doch sicher nie.

III
Mein Herr ich bemerke
daß ich von Ihnen
zu träumen beginne. Was
soll das? Sie scheinen

das Licht zu scheuen. Einer
Frau wie mir ein Bein
zu stellen im Traum
fiele mir das nicht ein.

IV
Mein Herr ich bemerke
daß ich an Sie
zu denken beginne am
hellichten Tag. Wie

ist das möglich? Sie schrecken
wohl vor gar nichts zurück
Drücken sich mir aufs Auge
trüben mir den Blick.

V
Mein Herr ich bemerke
daß ich an Sie
zu schreiben beginne. Dies
ist der Gipfel. Die

Hauptsache: Machen
Sie mich nicht blind
um Himmelswillen bleiben Sie
da wo Sie sind.

Mein Muser

Ach mein Muser sitzt fest er ist
auf den Leim gegangen den meinen
nicht. Die Pflicht bezähmt ihm
die Zunge lähmt ihm die Glieder
das Glied

Ach mein Muser ist kalt trocken
sind seine Küsse meinen Speichel
laß ich ihn trinken hoffend er gibt
ihn mir doppelt zurück

Ach mein Muser ist fern nahte er
könnt ich mich sehnen ohne mein
Herz zu verlieren oder
meinen Verstand

Komm mein Muser komm
mir nicht zu nahe zu heiß schlage mir
nicht entgegen mein Lied
könnte mir verbrennen
zurück bliebe nichts
als das nackte Leben.

Kunstmärchen

Ich laß mir meine Märchen etwas kosten
Bremen Berlin mit leichtem Handgepäck
dreiviertel Stunden schweb ich in den Wolken
und lande immer auf demselben Fleck

in deinem Herzen das am Flugplatz wartet
mit Hand und Fuß und allem drum und dran
die Nase im Gesicht in Hemd und Hose
siehst du genauso aus wie jeder Mann

wenn ich nicht wüßte daß du Feuer spucken
aus einmal Zwei gleich Drei machen kannst
natürlich nur mit mir und wenn du mich nach allen
Regeln der Kunst phantastisch übermannst.

Oper

Im zweiten Akt wo denn sonst
von Tristan und Isolde zog
ich dir die Schuh aus und dann
was Not tat. Ich flog

dir das Hosenbein rauf auf
klang der Akkord und so fort
erhob sich Applaus unterm
Bauch gerieten wir wort

los ins Spiel schlugen
mit Engelszungen scharfe
Töne an. Trugen

auf Lippenspitzen uns weich
durchs Nadelöhr ins Himmelreich.

Rondo

Komm zu mir geh
es ist ein Spiel
das ich mit dir
jetzt spielen will

Hab keine Angst
du bleibst so frei
wie du es willst
ganz einerlei

was du verlierst
Gewinn so viel
wie nichts
steht auf dem Spiel.

Lieber Gott

Kurz hinter Salzburg erschaff ich
die Welt noch einmal. Klapp die
Alpen auf laß den See ein. Drapier
das Ufer mit Bäumen und Bank.
Zieh die Sonne hoch hefte den Mond
schräglinks überm Dachstein an.
Dann erfinde ich noch ein Vierquadrat
meterbett Halleluja und himmlische Heerscharen
schaffe Tod und Teufel und Telefon ab.
Sogar einen lieben Gott
gefühlsecht und elektronisch geprüft
kann ich mir zwei Wochen leisten
in der Nachsaison
zu ermäßigten Preisen.

Zum Tanz

Unsere Liebe Frau Phantasie
macht mir tolle Lust zu tanzen
Villon zieh die Hosen an wir wollen
ins Restaurant schlampampen und einen ganzen

Abend durchsegeln. Kaffee
trinken wir nachher bei mir und fällt
uns kein Tanzschritt mehr ein
wechseln wir einfach die Welt.

Wirklich

Und dann schreib ich mal wieder
an einen der fehlt bis ich schließlich
wahr nehme was da steht
der Mann meines Herzens:
Ein Kunstwerk: Fährt mir in die Glieder
gibt Küsse singt schimmernde Lieder
macht mir die Nacht zum Tag.
Da schlägt unterm Fenster der Hund an:
Auftönt knirschender Sphärenklang
irdische Schritte im Kies und es wirft
ein als männlicher Mensch gekleideter
ganz gewöhnlicher Gott seinen
wirklichen Schatten voraus.

Besichtigung

In einen Himmel der singt
Gesang aus atmenden Wiesen:
tollkühne Segel aus Stein.
Deine Hüfte ruhig
im Schreiten an meiner.
Dein steigendes fallendes Blut.
Unsere Augen verankert in
unsichtbaren Gerüsten
als müßten in hohen Bögen
die Mauern zusammenstürzen
wenn wir sie nicht stützten
mit unserem glücklichen Blick.

Wir taten uns nichts zuleide

Du hieltest mich fest und fern
von dir ging ich beinah leicht
wir wußten der Abschied war
vor allem Anfang erreicht

Wir taten uns nichts zuleide
jede Liebkosung ein Trost
zärtlich verteiltes Erbarmen
jede Umarmung ließ los.

Verschreibungspflichtig

Jetzt bin ich ganz ruhig

Ich nahm sechs Tage lang
morgens mittags und abends
drei davon
verlor ich mein Herz
an einen Chemiekonzern aber
auf pflanzlicher Basis schossen
Maiglöckchen Rosmarin Roßkastanie
aus allen Herzkammern
auf dich das traf
bis du Ruhe gabst
mich jeder Schuß
ein Treffer ins Schwarze

Jetzt bin ich ganz ruhig

Mein muskulöses Zentralorgan
in einem Meer von Baldrian
reimt sich nicht mehr
auf Schmerz.

Bleib

Zieh. Ich weiß du weißt
du hast gewonnen
bleib mir nur bis
zum nächsten Zuge treu
Ich will nichts weiter
hab mein Teil bekommen
Jetzt bist du dran

Ich bin so frei.

Danklied

Ich danke dir daß du mich nicht beschützt
daß du nicht bei mir bist wenn ich die brauche
kein Firmament bist für den kleinen Bärn
und nicht mein Stab und Stecken der mich stützt

Ich danke dir für jeden Fußtritt der
mich vorwärts bringt zu mir
auf meinem Weg. Ich muß alleine gehn.
Ich danke dir. Du machst es mir nicht schwer.

Ich dank dir für dein schönes Angesicht
das für mich alles ist und weiter nichts.
Und auch daß ich dir nichts zu danken hab
als dies und manches andere Gedicht.

Nähe

Ich möchte immer nahe bei dir sein
und bin dir doch niemals näher als weit
von dir wenn ich mich nach dir sehne.
Ich leg am Tag um mich ein dunkles Kleid
mich sollen keine fremden Augen sehen.
Wo du nicht bist will ich ein Schatten sein
wie du ein Schatten wirst in meiner Nähe:
seit ich dich liebe bin ich ganz allein.

Zu schwer

Bleib bei mir als wärst du
lang für mich da
laß wachsen dein weißes
in meinem Haar

Lieb mich als ob
das gut für dich wär
als gäben wir
Leben um Leben her

Ertrag mich als trügest
du nicht zu schwer
behüt mich als ob
ich verloren wär.

Bekanntschaft

Die Fehler sind bekannt: ich hab sie längst begangen
Schuld oder Unschuld trifft mich ganz allein
Ich bin auf meinen eigenen Leim gegangen
ich fiel auf keinen als mich selber rein

Was ich auch tue macht die Fehler schwerer
die Fehler machen bald mein Leben aus
Ich bin in diesem Leben eingefangen
ich komme nicht aus meiner Haut heraus

die narbenstrotzend an mir klebt und knittert
und mit den Jahren deutlicher verwest
Ich bin die einzige die vor mir zittert
ich weiß daß niemand mich von mir erlöst.

Willentlich

Was du nicht willst
das will auch ich nicht tun
Wenn du geruhst
dann will ich bei dir ruhn

Was du nicht siehst
das will auch ich nicht sehn
wo du hingehst
da will ich nicht hingehn

Katzenmahlzeit

Alles ist in Roma eßbar
Artischocken schwarzes Schaf
Ciceroni Chips Cypressen
Rosmarin Maroni

Alles ist in Rom vergeßbar
Esbahn Uhahn Alster Spree
Villen Pillen Brillenträger
Papa Papperlap

Alles ist vergeßbar eßbar
Colosseum Marzipan
Minestrone Mama Mia
Dolce Duce Du

Zu gebrauchen

Mehr braucht ich nicht: ein bißchen
Haut und Knochen siebzig bis
achtzig Kilo Menschenfleisch Haar –
Farbe ungenau – genug für einen Kopf Füß'
Zehennägel Zähne Zunge Zaum mehr
als sechs Tage Zeit. Ach wie ich formte
nach meinem Bilde und siehe es wäre
gut und als Mann zu gebrauchen.

Erwachen

Eine schöne Amsel öffnet mir morgens
die Augen. Sie singt im Zypressengrün
das Lied der Liebe von einst

Eine schöne Amsel löscht mir am Morgen
die Träume. Ich sitze mitten
im Licht ich bin wirklich da.

IV

Weise

Meine müden Wörter kommt legt euch
warm nah zu mir nieder singt mir
ein paar alte Lieder wiegt mich
leicht betrügt mich nicht

Laßt mich leise mit euch summen
lernen wie mans macht daß sein Herz
aus Stein sich auftut diese
eine Nacht

Lehrt mich Weisen die ihn preisen
übern grünen Klee daß ihm
wenn er bei mir liegt
was er war vergeh

Lehrt mich seine Augen schließen
vor der Welt bis still
er nur das noch unter Lid zieht
was ich will

Schöne Verse lehrt mich daß
er bei mir vergißt
daß für jeden der bei mir liegt
aller Tage Abend ist.

Petersiliensommer

Zögernd beginnt dieser Sommer mit
Sandelholz Marmelade und
Petersilie die könnte er immer
essen wir sie mit den nackten
Männern und Frauen die aus den Steinen
plätschern winden wir dem
der sie schuf den krausen Kranz
Setzen grüne gefranste Segel all
abendlich übern Spumante hinter
roten Pforten versinken wir in
Petersilie und Mohn
Morgens streichen wir durch entadelte
Gärten fletschen glücklich
unser grünes Gebiß
Hahnenfuß Löwenzahn Hirtentäschel und
andere niedere Pflanzen
verschmäht er schreit Peter
silie wird wild da suchen wir
hinter jedem Busch Baum bis
in die Zirruswolken färben wir
grün ein himmlischer Vorrat
wir fressen uns durch diesen Sommer
wird uns die Petersilie
das Wasser im Mund nicht vergehn.

Katzenmusik

Kann ich nachts nicht schlafen streck
ich mich wie die Katz
Zwölfe auf ein Dutzend Kerle
hätten bei mir Platz

Hätten Platz in meinem Bett meinem
Herzen auch
diesem superstretch barmherzgen
Gummischlauch

Fänden dort in jeder Kammer einen
Kasten Bier
Karten- Glücks- und andre Spiele
hättens gut bei mir

Augen Mund und Ohren müßten sie mir
halten dicht
Alle will ich lieben nur
den ich liebe nicht.

Erlöst

Tagsüber gelingt es mir noch
mich zusammenzuhalten und stumm
Nachts aber wird mein Wort
Fleisch schreit nach Fleisch um
gibt mich mein fleischernes
Laken im Fleischbett Kissenfleisch
Fleisch schweißnasses Traumfleisch
Schwanzfleisch Flossenfleisch
messerscharf fleischerne Küsse hoch
zeitlich Fleisch schreiend Fleisch
alles Fleisch ein Fleisch
bis daß der Tod uns scheidet.

Am Strand

Da waren tausend Wellen oder mehr
Gestirne als genug es ging ein Glanz
voll Licht der Venus auf uns nieder
du rücktest mir zurecht die losen Glieder
Du suchtest. Fandest. Ich fand. Hinterher
wars Zeit um einen Fischgesang zu singen
napoletanisch schunkelte der Mond
lauttönend Erz und lustgewohnte Schelle
Glühwürmchen schossen sich wie schnelle helle
vertane Küsse durch den Rest der Nacht.

Im Meer

So bleib bei mir umgib von allen Seiten
mich mach mich uferlos und weich
und leicht. Ich hab den festen Boden fahren lassen.
Du hast gewartet. Ich hab dich erreicht.

Weit hol ich aus. Die Arme Beine
fassen dich nicht. Mit jedem Atemzug
will ich dich näher zu mir kommen lassen
versinke ich in dir in nassem Flug.

Du hältst mich nicht. Du schließt
mir wieder was du mir auftatst
einen Augenblick hebst mich
ans Licht empor in salzigen Wirbeln
legst du verläßlich mich zu mir zurück.

Wetterlage

In diesem Klima für Engel schießt
die Sehnsucht aufs Paradies
ins Kraut komm wir legen uns quer
beet da sprießt mir du gießt
ihn wonniglich links aus der
Schulter ein Flügel den deinen
saug ich dir rechter Hand aus der Haut
Halleluja wir halten
zusammen heben wir ab
flitzen wir durch den Sommer holder
Knabe im lockigen Haar komm
spiel mir was vor.

Sommergras

Zwischen weißen Wolkenfischen
schleicht ein Jumbo Jet auf Zehen
spitzen Grillen ihre Ohren
schalten in den hohen Wiesen
Rasenmäher auf Gesang
Nichts und niemand will uns
stören alles jedes uns betören
wenn wirs unter uns
beschwören daß der Himmel
offen steht.

Allerleirauh

Heller Mondschein aufschwebt
aus den weißen Säulen die
weiße Anzugsjacke geht auf
geht unter vorbei. Allerlei
Wehmut bricht rauh
mir durch die
Dienstmädchenseele sehnt sich
nach einem scharfen Befehl.

Große Nummer

Mein roter Mond geht auf auf
geht der Mann der Löwen Löwen
mäulchen geben kann

Mein Herz saust durch die Rippen
und zerfällt in Neonsterne unterm
Zirkuszelt.

Als er zurückkam

Als er zurückkam mein Freund mein Geliebter
blaß mager mich in den Arm nahm
begriff ich augenblicks daß er sterblich ist
mitten in seinem lebendigen Kuß. Wie noch nie
versicherte ich mich seiner Lippen der Zunge
ja mir war ich müßte mein Leben einfauchen
dem der mich so warm und verläßlich umschloß.
Wunder gebaren mir plötzlich all seine vierzig
Jahr alten Arme und Beine seine schöne Brust
sein Bauch sein Geschlecht sah ich mit eigenen Augen
nach Jahren so wie sie sind. Nein ich liebte ihn nicht
wie beim ersten Mal blindlings verschlossen. Nein ich liebte ihn
offenen Auges Blutes mit allen Kräften zum ersten Mal.
Seither denke ich anders an ihn wenn er nicht bei mir und
bei mir ist: er ist ein sehr kostbarer sehr vergänglicher Mensch.

Brot und Salz

Du hast kein Haus gebaut
Bau denn auf mich

Und keinen Baum gepflanzt
Leg dich in meinen Schatten

Kein Kind gezeugt
Nimm mich in deinen Arm

Laß mich dein Brot und Salz der Erde sein.

Leises Licht

Ganz leise leise leise geht das Licht
den ich nicht kenne geht an meiner Seite
wir gehen wie ein Paar auf schöne Art
und scheu schau ich ihm manchmal ins Gesicht

das neben meinem liegen wird wenn alles Licht
gegangen ist wird er an meiner Seite
mich lieben wie ein Mann auf schöne Art
und treu und bleiben und es gibt ihn nicht.

Die erste Liebe

hat allen Dreck aus der Welt gefegt
Sonne und Mond mit Bildern belegt

ist durchs Feuer geflogen
hat nur wahr gelogen

hat fliegende Fische zum Singen gebracht
einen Kranken gesund gemacht:

der erhängte sich später am eigenen Gurt.

Zusage

Bleib bei mir
damit dir nichts geschieht
meine Atemzüge
dein Wiegenlied

Ich halt dich fest
ich laß dich los
bei mir bist du sicher
in Abrahams Schoß.

Steuererklärung

Ja da war ich
mit dir hab ich da
gesessen gegessen vergessen
hab ich das längst
geglaubt. Arbeitsessen
schreib ich bei Anlaß
der Bewirtung da
hör ich dich lachen du
bestellst Apollinaris und ein
Chateaubriand legst
dir das Fleisch zurecht
ja es schmeckte dir immer
mir die Hand aufs Haar
ja es war schön es war preis
und wert nicht mal
hundert Mark. So
kamen wir billig davon.
Voll absetzbar.

Nicht die Liebenden

Nicht die Liebenden fliegen im Wind.
Einer des anderen Klotz am Bein
beschweren sie paar
weise ihr luftiges Ich. So
wachsen sie zwischen Himmel und Erde
geraten sie aus dem Gleichgewicht.
Taumeln. Fallen
über die eigenen Füße in
Wälder und Wiesen ein
über das andere her.
Krallen sich zeugend fest
an der Welt.

Aber die Einsamen: Unerreichbar allen
Sorten von Chloroform
hängen sie in der Luft
wurzeln im Raum wirbeln
im freien Fall um sich selbst
sich selbst verdoppelnd. So
bleibt ihnen die Erde leicht
verweht sie der Wind
von ihrer Stätte nie und nimmer
am Ziel.

V

Aussaat

Diese Romane auf Liebe und Tod
und das Leben hier
in immer dürftigeren Verstecken
Einmal mit weiten Schritten
unter freiem Himmel vorwärtsgehen:
große Worte einfach fallenlassen.

Wie es anfängt

Ich nehme bei jedem Klingeln den Hörer ab
Wenn er sich meldet sag ich Hallo und Gehts gut
Frage ihn ob er gerne Kartoffeln ißt
und wie ers hält mit der Emanzipation

Er geht gern durchs Gebirge sagt er ich sage ich auch
Er empfiehlt mir einen Aufsatz zu lesen ich lese
Ich beschimpfe das Wetter. Er sagt schön Sie zu hören.
Ich putze den Telefonapparat er funkelt durch Tag und Nacht.

Vorfreude

Wenn sie mir versprechen
so wahr zu lügen wie ich
Wenn Sie mir versprechen
die Kehle nicht weiter mir zuzudrücken
als ich Ihnen

Wenn Sie mir versprechen
so schwer wie ich an Ihnen
zu tragen an mir
Wenn Sie mir versprechen
nicht härter als ich zuzuschlagen
Nicht mehr von meinem zu lecken
als ich von Ihrem Blut
Dann wird ja alles gut.

Hoffnungsloser Fall

Frau sagt der Verstand und klopft
an den Hinterkopf
Du doch nicht doch nicht noch einmal
und schon gar nicht so einen
sagen die Schwestern mit ihren lila
Herzen unterm Latz
und schon gar nicht den
Das haben wir doch alles x-mal
in den letzten Jahren durchgenommen
Hast du deine Lektion
denn noch immer nicht kapiert
Sagen die Schwestern ungeschminkt
Lassen mich stehen mit meinem
störrischen stolpernden Dingsda von
Anno Dazumal mit Melissengeist
Franzbranntwein Borwasser und
mit dir.

Nie mehr

Das hab ich nie mehr gewollt
um das Telefon streichen am Fenster stehn
keinen Schritt aus dem Haus gehn Gespenster sehn
Das hab ich nie mehr gewollt

Das hab ich nie mehr gewollt
Briefe die triefen schreiben zerreißen
mich linksseitig quälen bis zu den Nägeln
Das hab ich nie mehr gewollt

Das hab ich nie mehr gewollt
Soll dich der Teufel holen
Herbringen. Schnell.
Mehr hab ich das nie gewollt.

Vorsicht

Meine Sehnsucht hat wieder
einen Namen der mich anfüllt
mit Glück und Schmerz.
Dabei hat sich nichts merklich geändert
Ich geh durch die Tage lächelnd
wie er durch mich geht
mit seinem Geruch seiner Stimme
seiner Gestalt die mein Verlangen prägt
seinem Leib der den meinen ganz und gar umkleidet
Ich versuche mit aller Kraft
nicht zu sagen
Komm oder Geh oder Bleib.

Sirene

Daß ich den Rhythmus deines Pulsschlags sah
so nah in deiner Achselhöhle aber
die Luft war geladen
Nicht anfassen Lebensgefahr aber
die Luft war aus Glas
deine Worte prallten von meinem Trommelfell ab
Meine Augen berührten dich meine Augen
öffneten dich meine Augen erhörten dich
meine Augen gaben dir Hände und Ohren
und Mund meine Augen dein Haus
Vorsicht meine Augen Lebensgefahr.

Fast

Abend im März. Glückselige Musik
von Amseln und alten Meistern.
Er rief an. Ich hätte ihm fast
die verbotenen Drei Wörter gesagt.

Aller Welts Mann

Ich höre dich sehe dich
überall in unserer Stadt
Von dem einen nehme ich
deine Beine vom anderen den Leib
deine Augen den Mund ach die Nase
die Wangen die Stirn vom
Dritten Vierten und Fünften du wirst
immer schöner und größer du wirst
sie alle. Und dann setz ich dir
den Hut auf den Kopf von
dem da den Schal übers Kinn
und dann kommst du Harun
al Raschid zur ersten der
Tausendsten Nacht lächelst
ganz wie im Leben und dann.

Eine von gestern

Er soll aber wissen daß in seiner Stadt
eine lebt verwitwet ein Schiff ohne See
Stunde um Stunde spricht sie vor sich hin
verstörte Morsezeichen
Save my soul Come back Over
Niemand hört sie
sie weiß es sie liebt
ins Leere
Schaut einen Strauß Narzissen an
als hätte es ihn gegeben
Schaut auf ein paar Tage und Nächte zurück
als hätte sie davon gelesen.

Kleines Tier

Als ich für dich durchs Feuer ging und sang
im Harnisch ganz aus Flammen hielt
den Kopf ich übern Kopf und ich entsprang
als Salamander meinem Häufchen Unglück

Du siehst ihn wenn du in der Sonne gehst
den Arm um einer anderen Haut geschmiegt
er huscht dir übers Herz und du verstehst
sekundenlang was mir den Mund zerriß.

Show

Striemen über der Brust
Die zertretene Erde
Tut es weh? Nein nicht mehr
Nur noch wenn ich lache
Das Zerreißen geht weiter
Ich bin daran gewöhnt
In den Pausen Bauchtanz
Später Champagner
Den Dreck nicht abwaschen
Den Rotz hochziehen
Meine Arme um deinen Hals
Ich und Du ist noch immer
kein Trick.

Letzte Vorstellung

Noch einmal schön schreiben
ohne zusammengebissene Zeilen
locker lockend gelockt blond
und auf Zehenspitzen der Schrei
läßt das Zäpfchen bel canto vibrieren
Du sitzt in der ersten Reihe
und klatschst.

Romanze

Sobald er sie angeschirrt hat am Morgen
an Kleiderbügel und einen leeren Abfalleimer
eingezäunt in Tapetenpapier
reitet er im verplombten Wald sein tägliches Turnier

Gern schriebe sie federnde Briefe ihm hinterher
die seinen Rückzug aufhalten
aber die preisenden Pfeile bleiben
ihr stecken im eigenen Fleisch

Auch muß auf dem Tisch am Abend
ein von Liebe durchdrungenes Essen stehen
Kartoffeln und feine Gemüse fallen ihm
in den Teller wie reife Reime

Jedesmal zwingt sie sich neuer zu sein
als am Vortag steckt in ihr Zaumzeug
Gardenien legt ihm ihr Fleisch zurecht

und kommt aus dem Glück gar nicht
mehr heraus wenn er ihr zwischen die Beine
flüstert: Ich werde bleiben.

Abschied

Ich drücke dir nicht die Augen zu
Binde dir nicht die Kinnlade hoch
Kreuze dir keine Arme über der Brust

Du kannst ja den Mund noch auftun
Und die Hand heben daß die Eisenbahn pfeift.

Anfang Oktober

Du schenkst mir Rosen und behältst den Strauch
und Äpfel die ein Wind herunterriß in deinem Garten
und keinen Baum kein Haus kein Kind dein Wort
löst sich in ferne Vogellaute auf

Ich sage bleib noch öfter als bisher
und laß dich gehen
Die reifen Beeren von den Ebereschen
ergreift der Vogel weit trägt er sie fort.

Vier Jahreszeiten

Dieses Frühjahr werde ich fantasieren
eine sanfte Fallschirmlandung zwischen
Starenschwärme unbefleckte Narzissen
Dazu ein weißer Schleier ein Hochzeitsfotograf

Diesen Sommer werde ich streunen
übers feste frische Gras am Abgrund
des Paradieses von weitem nach mir pfeifen
hören Peitschenknall in der Luft

Diesen Herbst werde ich begehren
abgewehte Äste fürs Feuer
ein Dach überm Kopf und Wörter
zum Steinerweichen genau

Diesen Winter werde ich warten
vor verschlossenen Oktoberrosen
Himmeln die regnen keinen herab
Seen aus Eis ohne Einlaß.

Zeitsprung

Um einen Kuß bat mich der alte Mann
mit lippenlosem Mund um einen Kuß
Ich spürte seine Zähne durch die straffgespannte Haut
Hielt still. Hielt stand

Dem was da auf mich zukam jählings
mit Gewalt mich bald zur alten Frau
heruntermachen betteln lassen wird
mit lippenlosem Mund um einen Kuß.

Ein Netz

Freunde sind wir geworden Geliebter
schmolzen im Lauf der Jahre
unsere Schwerter zur Schale
wir tranken draus
Schwermut und Lust

Abschiede kamen wie Hunger und Durst
wir gaben sie immer. Daraus
flocht uns die Zeit ein Netz
aus Treue und Trost

Herzenssatt liege ich bei dir
in sicheren Schlingen
Wir hören zu atmen nicht auf.

Wohnhaft

Wohnen willst du mit mir da
wo die Wolken wurzeln und die
Zahl der Toten fest steht für immer
stand da noch nie ein Haus.

Besonderer Tag

Aufstehn ins Bad Frühstück mit Tee
Aus dem Fenster schaun
und sich warm anziehn hochgestiefelt
durchs Laub. In der Bibliothek
das Richtige finden dem
Nachbarskind die Schnürsenkel binden
Mittags Wiener Wurst aus der Hand
Dann mit hochgeschlagenem Mantelkragen
dösen auf einer herbstwarmen Bank
Nachmittags lesen Notizen machen
festhalten die Zeit
scheint sich zu weiten wir waren
den ganzen Tag lang zu zweit.

Nachhausefahren

Kein Umweg mehr nötig wir schlagen dieselbe Richtung ein
finden immer mehr Anhaltspunkte auf einer Route bilden
vorwärtslaufende Sätze auf ich und du und Vertrauen.

Kein Verdacht liegt nah in dieser weiten Landschaft
aus Zeit und Raum und wachsenden Schatten weist alles über
sich selbst hinaus. Und wir fahren

durch diesen langgestreckten katzengebuckelten Tag
mit noch grünen Laubaugen grell im reifgrauen Fell
durchlässig fast für alles mögliche frei

willig an deinem Haus und an meinem Haus vorbei.

Reinschrift

Wird es die Garamond wird es die Bembo sein
Einerlei. Vor deinem und meinem Fenster
ritzen die Elstern mit schwarzweißen Federn
uns unser uns uns ins erste und letzte Licht
Schritt für Schritt Wort für Wort
wir üben vierfüßiges Gehen deklinieren uns
im Duett wie herrlich
leuchtet mir die Natur
deines reinen Tischs neben dem meinen
Dein Leben und meines endlich auf einem freien Blatt.

Reisesegen

Fahr weiter mit mir mein Gefährte spring
nicht ab aus der Zeit weils zu schnell geht
zu langsam die Brücken vermint die
Straßen eben noch fest reißende Flüsse sind
Weils dir schöner scheint im Schatten
genügsam ein Pflüger zu sitzen setz
dich nicht fest in der Zeit. Glaub mir
wir werden in dieser Richtung vorwärtskommen
Hab keine Angst ich versprech dir wir kommen
niemals ans Ziel.

Auslösen

Manchmal unterm runden Mond
fließt mein Blut rückwärts
in meinen kleiner werdenden Leib
Schwemmt weg was ich lernte und litt
aus Büchern Küssen Schlägen. Löst
mich aus meinen Kostümen Stiefeln
den winzigen Kinderschuhn
Macht mich blind taub stumm
Endlich leben im Takt
eines Herzschlags
der noch nichts von mir weiß.

Vorgeschrieben

Diese Sehnsucht
dich beim Namen zu nennen
Diese Angst
dich beim Namen zu nennen

Diese Sehnsucht
Wort zu halten
Diese Angst
nur Wort zu halten

Diese Sehnsucht nach einem Leben
das kein Gedicht wird
Diese Angst vor einem Gedicht
das ein Leben vorwegnimmt.

Fest auf der Alster

All das Eis wir schwelgen
im Winter unter der Sonne
Laufen auf Kufen im Kreis
und gradaus mit und gegen
und durch Licht und Wind.
Alte Ehepaare ziehn sich
noch enger zusammen
Vater und Mutter kreisen
in hohem Bogen ums Kind.
Wippende Mädchen im heiratsfähigen Alter
lächeln aus der Hüfte heraus gutaus
staffierte Lilien in kühnen Kurven
kreuzen ihre Herzensmänner das Feld.
Sogar silbrige Herren und Damen geraten
ins Schleudern der Hut fliegt vom Kopf
der Hund rutscht hinterdrein
wittert Glühwein auf Eis.
Übermütig lächeln wir alle verschworene
Kinder die vom selben Süßen genascht
Werfen Lächeln wie Bälle uns zu
durch die lächelnde Luft. Lächeln
als gäbe es nichts zu bestehn
als den nächsten Schritt als geschähe
nur was wir im voraus schon sehn
bis an den Horizont von
Brücken Kirchen und Banken.
Lächelnd vergibt ein jeder von uns
seinem Nächsten und sich
diesen Nachmittag lang
all das Eis
unter der Sonne.

VI

Preis

Ich ging von dir es schien der Mond der Uhu
rief Krieg aus dem Archiv stieg blauer Dunst
Gewinnausschüttung sang der Star am Morgen
und stach mir beide blauen Augen aus
So daß
ich sah wie eine Frau in mir die Fenster auftat
und deine Macht wie Vorhangstoff zerriß
Der Kopf solang er träumt wird er nicht abgeschlagen
Die offnen Augen kosten den Verstand.

So tief

So tief mußt du
dich fallen lassen und so
lange schrein
bis du den Schrei verstehst
dann erst
ist er
dein Schrei
wenn du das Spiel verstehst
dann erst
ist es
kein Spiel mehr.

Sommertag

Fünfuhrlicht noch einmal der salzige
Untergang an deiner Haut
Hoher Mittag die Luft
voll vom Zittergesang der Lerchen
irgendwo hält später ein Zug irgendwo
spricht abends einer den ersten Satz und
er ist richtig.

Auf dem Dorfe

Samstags sang die Amsel lauter lockte in
verborgene Büsche hintern Damm am Fluß versanken
deine meine bösen Händchen in verschwiegene
schöne Schwaden unsere Zungen tief im Schlick

Abends dann ins Ohr des Beichtstuhls mußten wir
die Zahl angeben Reu erwecken Buße üben
Ach wie lag das böse Händchen auf dem süßen Sünden
spiegel der dich zeigte in den Büschen hinterm

Damm am Fluß mit mir unseren Bauch
mit Glück und Sünde vollzuschlagen so beschäftigt
daß mein Seufzer Küsse beißend Küsse büßend die Kapellen
kerzen der Immaculata ausblies mit dem ersten Hauch.

Abgrenzung

Bei Tageslicht die Beteuerungen
der Schönheit und Ewigkeit von
Körpern und Königreichen
Nachts
die Verätzungen der Tränen
Mängel Abwesenheiten der Geruch von
Stacheldraht in der Mündung der Schenkel.

Maijubile

In den Wiesen nehmen
die Blumen die Formen von
Körperöffnungen an und das Gras
bohrt sich zwischen die Zähne
Fleisch deckt dem Fleisch
die Karten auf einen Augenblick
Zukunft mitten im Fis
bleibt die Nachtigall stecken
in den Vorgärten schmettern
die Amseln rosa gesprengt.

Kinderglaube

Riefst mich noch einmal im Mai du riefst
mit der Stimme des Kuckucks in den Feldern
ritzte der Mais seine Grafik
ins schräge Abendlicht versprach mir der Vogel
– ich zählte als gings um mein Leben – ewige
Kuckucks. Geh schon vor, sagtest du
als ich mich umsah das grüne Moos
kroch schon hoch über dein Knie.

Stillständiges Sonett

Mein Herz ist bei dir, sagst du. Frag ich: Wo
sind Hand und Fuß? Das Mittelstück? Das
Untenrumherum? Wie lebt es sich links
oben ohne? Herzlos Hauptgewinn? Was

fange ich mit diesem glibberigen Muskel an?
Den du mir zugesteckt hast heimlich wie ein Kind
die Mutter könnt es sehen und dem Vater sagen
Soll ich's in Sauer legen daß es lustig wird

dein Herz bei mir?
Noch nähre ich es dir mit meinem Blut noch
schuftet meins für zwei. Doch es wird müde.

Faßt du dir deins nicht bald
nimmst es in deine Hand nimmt meine:
Stolpert meins über deins stolpern stehen still beide.

Vorübergehend

Immer länger die Anläufe
für ein paar Sätze jenseits
von Wahrheit und Lüge. Zwischen
weitgeöffneten Satzzeichen berühre ich
deine Hüfte die zur Zärtlichkeit wird
wie mein geöffneter Körper
mein gewölbter Rippenbogen
die blauen Berge hinauf und weiter
Armbeuge Brust Haar
bis sich der Wind legt
zwischen den Fragen
Vorübergehend.

Fangopackung

Mein Alter jetzt zum vierten Mal 'ne Schnapszahl
auf meinem Kopf zum schwarzen Pfeffer so viel Salz
Der Knochen der am ärgsten wehtut ist noch
immer os amoris – beim Bäcker mit viel Sahne

zwischen den Bisquits sehr lecker – aber so
im wahren Leben zunehmend bedürftig des
Fachmanns Pflegehand des Spezialisten Leib
eigen lebenslänglich chronisch krank wie ich.

Zwischen den Jahren

Im Winter verschwindet
der Liebste im Schnee
Im Winter beginnt
die Liebste zu singen

In ihrem Mund verschwindet
der Mann in
den Liedern fängt
wieder alles nur an.

Eingesponnen

Bäume am Ufer der Buch bis ans Meer
früher Morgen ein klarer Tag zieht auf
nach der Nacht die mit Regenrauschen
sie einspann ins Warme ins Haus
voller Seemannsplunder Uhren und Pfeifen
Liebst Du mich, fragte sie ihn
Daß die Frauen immer so fragen müssen
Und das Käuzchen schrie wie ein Kuckuck
Sein Schrei trug sie aus der Nacht
der Bäume am Ufer der Buch bis ans Meer
in den frühen Morgen ein klarer Tag zieht auf.

Beweislage

Hättest du hätte ich wären wir
im Sog des Vakuums immer weiter
in die Jahre gekommen
Glaube versetzt vielleicht Berge
aber niemals einen Konjunktiv
Nicht einmal ein Foto
von all der Hoffnung
all der Geduld.

Lebensgefahr

Eine Frau beim Sturz ins Papier
auf der Flucht vorm Papier vor
seiner Gier nach Geschichten mit
Komplikationen womöglich mit
tödlichem Ausgang

Bloß weg von diesem eiskalten Spiegel
pulswarmen Lebens diesem Augenaufschlag
verkommener Zeichen die so schön tun
als wären sie wirklich und wahr

Sieh hier meine Hand auf dem Papier
halt sie und küß sie
bis tief in den Ellenbogen
du sie zurückbeißt ins Leben.

Alte Lieder

Komm wir singen das Lied vom Mädchen
das vom Brunnen zurückkehrte wo
es sich dem Liebsten versprochen

Dann singst du weiter allein
wie es sein Versprechen gebrochen

Dann ich: Er hat sie vergessen
und tot geht er dahin.

Tja die alten traurigen Lieder
und daß wir sie nur singen.

Haus-Sphinx

Ich gebe dir keine Rätsel mehr auf
die Zeit hat meine Adlerflügel abgetragen
der Umgang mit Windigem hat mir die Krallen gestutzt.
Blind bin ich für andere und mein Löwenleib
schnurrt an dem deinen. Wie eine Kröte
nahm ich die Farbe deiner Umgebung an.
Wenn ich Märchen erzähle
glaubst du ich redete endlich
nicht länger drumrum.

Annonce

Zu alt um schön zu sein und
noch nicht interessant
das heißt begehrenswert
zum halben Preis die hohen Töne
werden noch erreicht mit Müh
der Hüftspeck ins Korsett gezwängt
und in den Schoß der Schöne.

Ach Maid ach Zeit ach Tugendkleid
oh Jugend weit oh Täler
Wer wagt nochmal den Schnitt
ins Herz wer liftet straff
und himmelwärts die ewigen Gefühle.

Probelauf

Dies ist ein Tag der sich die Stille nimmt
Kornfeld das in den Ähren fertig steht
und Silben aussät wie in leere Furchen
So ohne Angst vor Kälte Schnee Mißlingen
lassen die Zeilen die Stille ein.

Moosröschen

Die Margarine aufs Graubrot gekratzt
einen Hering verteilt auf vier Personen
die Kleider für sich und die Kinder
aus dem Rotkreuzsack der Honoratioren
Aber den guten Anzug immer in Schuß gehalten
der Mann sah tipptopp aus im Sarg

Geschenke der Kinder wies sie zurück:
Für mich viel zu teuer. Im Restaurant
aß sie nur Russisch Ei.

Als ihre Bissen immer kleiner wurden
die Schritte kürzer, Knochen dünner
das Gewebe aufgezehrt
hat sie sich schließlich selbst
aus dieser Welt gespart.

Die Kinder sargten sie in
Seide ein und Palisander
und warfen ihr Moosröschen hinterher.

Inhalt

I

II

III

IV

V

Das Gedicht »Mein Vater«, 1974 entstanden, ist in keinem von Ulla Hahns Gedichtbänden enthalten. Für die Gruppen II bis V hat Ulla Hahn eine Auswahl aus ihren in der Deutschen Verlags-Anstalt erschienenen Bände getroffen. Die Gedichte der Gruppe II, zwischen 1978 und 1981 entstanden, sind in »Herz über Kopf« veröffentlicht; die Gedichte der Gruppe III (zwischen 1981 und 1983 entstanden) sind in »Spielende« enthalten, die der Gruppe IV (zwischen 1983 und 1985 entstanden) in »Freudenfeuer« und die der Gruppe V (1985 bis 1988 entstanden) in »Unerhörte Nähe«. Unter VI finden sich neue, bislang unveröffentlichte Gedichte, die von 1990 bis 1993 entstanden sind.

Die Deutsche Bibliothek – CIP-Einheitsaufnahme

Hahn, Ulla:
Liebesgedichte / Ulla Hahn. –
Stuttgart : Deutsche Verlags-Anstalt, 1993
ISBN 3-421-06655-8

Typographie: Brigitte und Hans Peter Willberg, Eppstein
Satz: Steffen Hahn, Kornwestheim
Druck und Bindearbeit: Friedrich Pustet, Regensburg